BALDOMIR

OU

LA FÊTE DU SOLSTICE D'ÉTÉ

A DIVODURUM

DRAME HISTORIQUE EN TROIS ACTES ET EN VERS

représenté à l'occasion de la

FÊTE PATRONALE

DU

R. P. JEAN-BAPTISTE STUMPF

RECTEUR DE SAINT-CLÉMENT

A METZ

LE 24 JUIN 1866

Lith Nouvian, Metz

BALDOMIR

OU

LA FÊTE DU SOLSTICE D'ÉTÉ

A DIVODURUM,

DRAME HISTORIQUE EN TROIS ACTES ET EN VERS

REPRÉSENTÉ A L'OCCASION

de la

FÊTE PATRONALE

DU

R. P. JEAN-BAPTISTE STUMPF,

RECTEUR DE SAINT-CLÉMENT.

A METZ,

LE 24 JUIN 1866.

EXTRAIT DES *ORIGINES DE METZ.*

Divodurum était la forteresse des Gaulois médiomatriciens. Elle occupait le plateau, c'est-à-dire la partie la plus élevée de la ville actuelle de Metz. A la seule inspection d'un plan topographique, on peut se convaincre que la Moselle et la Seille coulaient à peu près parallèlement de chaque côté de la forteresse, et c'est pourquoi nos ancêtres l'avaient nommée *Diu-dur*, la forteresse aux deux rivières. Ici l'étymologie est d'une exactitude rigoureuse. *Diu* signifiait *deux*, et *dur* un cours d'eau. C'est encore le sens de ces deux mots en breton. *Divodurum* n'est rien autre chose que *Diu-dur*, latinisé, avec la désinence *um* et l'*o* intercalé entre les deux racines, suivant l'usage des Romains. On sait que la lettre U s'écrivait comme un V; *Diu dur* devait donc donner en latin DIV *o* DVR *um*.

Quelle que soit l'origine du système druidique chez les Gaulois, il est certain qu'il a régné dans la médiomatricie. Ce qui le prouve, ce sont les pierres sacrées dont on a constaté la présence. Ainsi à Metz, on a vu jusqu'au siècle dernier, vers le haut de Sainte-Croix, un bloc énorme de granit des Vosges; c'était un *dolmen*. Il a disparu pour faire place au nom et au signe de la croix.

Mais quelles étaient donc les croyances de nos ancêtres? quelle espèce de culte rendaient-ils à la divinité? Si nous n'admettons pas sans contrôle toutes les assertions des latins, nous trouverons que cette religion n'était pas du tout l'idolâtrie. Les Gaulois regardaient comme indigne de la Divinité de la représenter sous des formes corporelles. Aussi les statues et les inscriptions mythologiques des prétendues divinités gauloises sont-elles toutes de l'époque des empereurs. Ce n'était pas non plus du polythéisme, l'unité d'un Dieu éternel, auteur et conservateur du monde, était en tête de la théologie des druides. Ils le nommaient Esus, et c'est le seul nom bien avéré du dieu des Gaulois; le reste est de fabrique romaine.

Ceux qui ont étudié sérieusement le culte public des Gaulois ont remarqué qu'il était basé en quelque sorte sur l'astronomie.

En mettant de côté les images sombres dont l'amour du romanesque a voulu gratifier leurs forêts mystérieuses, nous verrons que tout s'y passait beaucoup plus simplement qu'on ne le suppose quelquefois.

Venait d'abord la fête du printemps. La première lunaison qui suivait l'équinoxe était le commencement de l'année gauloise.... La plus intéressante cérémonie de cette fête était la cueillette solennelle du gui de chêne......

La fête du solstice d'été, avec ses feux de joie, a laissé des usages traditionnels. On s'accorde à croire que les feux de la saint Jean n'étaient dans l'origine qu'une cérémonie symbolique venue des Gaulois et que l'Eglise, au lieu de proscrire une coutume qui n'avait rien de répréhensible, aima mieux la tolérer et la mettre sous le patronage du grand saint dont la fête arrive à la même époque.

N. B. Ajoutons à ces détails que chez les druides l'éducation des jeunes gens durait une quinzaine d'années. Dans une forêt solitaire ils apprenaient de mémoire les sciences et les arts, alors en honneur chez les Gaulois, l'astronomie, la poésie, la philosophie, etc.; le tout en vers. Les Eubages étaient des druides de second ordre, chargés des sacrifices. Les Bardes chantaient, en s'accompagnant de la harpe, des hymnes sacrées ou patriotiques.

PERSONNAGES.

BALDOMIR, Archi-druide . . . . . . **Albert de Ravinel.**
CARISMIN, son fils. . . . . **Édouard du Coëtlosquet.**
ULRIC, prince des Montagnards. . . **Louis Poisat.**
ISMÉNOR, chef des Bardes . . . . . **Charles du Coëtlosquet.**
THÉLISMAR, chef des Eubages . . . **Eugène Boulangé.**
CÉSAR . . . . **Louis de Martimprey.**
UMBRENUS, centurion . . . . **André Moll.**
CRISPUS, secrétaire de César . . . . **Fursy Morand.**
SOLDATS ROMAINS.
CHŒUR DES DRUIDES ET DES BARDES.
CHŒUR DES MONTAGNARDS.
CHŒUR DES ENFANTS.

BALDOMIR

OU

LA FÊTE DU SOLSTICE D'ÉTÉ.

ACTE PREMIER.
SCÈNE I.
Carismin. Chœur de jeunes Druides.

LE CHŒUR.

C'est Baldomir qui nous appelle,
Au nom d'Esus il règne dans ces lieux.
A lui l'honneur de la saison nouvelle,
Et des beaux jours que promettent les cieux !

CARISMIN.

O que je l'aime cette fête !
Que son retour ravit mon cœur !
Arbres sacrés, douce retraite,
Soyez témoins de mon bonheur !

Sous ces ombrages solitaires
Le ciel a comblé tous mes vœux.
Je lui dois le meilleur des pères
Et le destin le plus heureux.

O que je l'aime cette fête !
Que son retour ravit mon cœur !
Arbres sacrés, douce retraite,
Soyez témoins de mon bonheur !

LE CHŒUR.

Que la verveine orne nos têtes,
Qu'elle embellisse et la plaine et les bois,
Car elle seule a des vertus secrètes ;
Pendant l'été, c'est la fleur des Gaulois.

CARISMIN.

Au doux printemps le gui de chêne
Des fleurs annonce le retour ;
Mais à l'été c'est la verveine
Que le ciel donne en ce beau jour.

O que je l'aime cette fête !
Que son retour ravit mon cœur !
Arbres sacrés, douce retraite,
Soyez témoins de mon bonheur ! *(bis.)*

LE CHŒUR.

Arbres sacrés, douce retraite,
Soyez témoins de mon bonheur ! *(bis.)*

ACTE DEUXIÈME.

SCÈNE I.

BALDOMIR, CARISMIN, ISMÉNOR, DRUIDES.

Chœur des Bardes, chœur des enfants.

CHŒUR DES ENFANTS.

Reine des nuits, sois-nous propice,
Répands sur nous tes rayons enchantés !
Nous commençons la fête du solstice,
A la faveur de tes douces clartés.

LE CHŒUR GÉNÉRAL.

L'été s'avance... il succède au printemps...
C'est le solstice ; il échauffe la terre ;
De ses trésors il féconde les champs.
Que les échos de ce bois solitaire
    Répètent nos chants ! *(bis.)*

BALDOMIR. (Solo.)

Divin maître de la nature,
Objet de nos justes concerts !
A nos bois tu rends la verdure,
C'est toi *(ter)* qui réglas l'univers.

Dieu ! le solstice commence,

Et ton antique puissance

Brille à nos yeux par des gages constants.

O Providence éternelle,

Sauve ton peuple fidèle

Dans tous les temps. *(ter.)*

LE CHŒUR.

L'été s'avance... il succède au printemps...
C'est le solstice ; il échauffe la terre ;
De ses trésors il féconde les champs.
Que les échos de ce bois solitaire
Répètent nos chants ! *(bis.)*

CARISMIN.

La verveine à nos yeux présente

Le gage sacré des beaux jours.

Des vertus de sa douce plante

C'est Dieu *(ter)* qui charma nos séjours.

Fleur de l'été, saint emblême,

Présents de l'être suprême,

Sois le plus cher des trésors de nos champs !

Si tu couronnes nos têtes,

Nous braverons les tempêtes

Dans tous les temps *(ter.)*

CHŒUR.

L'été s'avance... etc.

ACTE TROISIÈME.

SCÈNE I.

Chœur des Montagnards.

TOUS.

Entendez-vous, Gaulois, la voix de la patrie
Entonner l'hymne des combats ?
Réveillez-vous ; c'est elle qui vous crie .
Venez, braves soldats !

SOLO.

Déposez pour la guerre
Vos vêtements de deuil ;
Des tyrans de la terre
Préparez le cercueil ;
A défaut du tonnerre,
Écrasez leur orgueil.

Comme de noirs orages,
Ils couvrent de ravages
Les fruits et les fleurs,
Et leur féroce troupe
Dans sa sanglante coupe
S'enivre de pleurs.

TOUS.

Vengeance ! *(bis.)*
Brisons nos fers !
Des enfants du midi qu'on détruise l'engeance !
Mort *(bis)* aux tyrans de l'univers ! *(bis.)*

SOLO.

De la Moselle au loin nous avons vu les rives
Gémir sans gloire et sans gardiens.
J'entends partout les campagnes plaintives
Invoquer les Vosgiens.

Cavaliers intrépides,
Venez au premier rang,
De nos tyrans perfides
Percez l'indigne flanc.
Que vos mains homicides
Se baignent dans leur sang.

Je vois dans un nuage
La mort et le carnage
Marcher devant vous,
Et de l'aigle romaine
La puissance inhumaine
Tomber sous vos coups.

TOUS.

Vengeance ! *(bis.)*
Brisons nos fers !
Des enfants du midi qu'on détruise l'engeance !
Mort *(bis)* aux tyrans de l'univers ! *(bis.)*

SOLO.

Sous les coups des méchants la faiblesse succombe ;
N'a-t-elle plus de défenseurs ?
L'aigle poursuit la timide colombe
Sous les yeux des chasseurs !

D'où vient cette épouvante ?
Quels cris de toutes parts !
Viens, colombe innocente,
Parmi les montagnards.
De l'aigle frémissante
Évite les regards.

La voilà qui s'apprête
A fondre sur ta tête,
En nous insultant.
A ta mort elle aspire,
Je la vois qui déchire
Ton corps palpitant.

TOUS.

Vengeance! Vengeance!
Brisons nos fers!
Des enfants du Midi qu'on détruise l'engeance!
Mort *(bis)* aux tyrans de l'univers!

HOMMAGE

AU R. P. RECTEUR.

CHŒUR.

Pour tes enfants le ciel propice
A ramené le plus beau jour :
Agrée, au retour du solstice,
Nos immortels serments d'amour.

BALDOMIR.

En formant le jeune courage
D'un fils, l'espoir de mes vieux ans,
A bien moins redouter la rage
Que l'art séducteur des tyrans,
De ton grand cœur sur la jeunesse
C'est l'ascendant victorieux,
C'est ton inquiète tendresse
Que je peignais à tous les yeux.

CARISMIN.

Qui n'eut pitié de ma détresse
Quand il me fallait dire adieu
Au saint asile où ma jeunesse
Avait coulé sous l'œil de Dieu ?
Il est un asile sur terre
Mille fois plus cher à mon cœur :
Là, sous ta loi, règnent, mon Père,
Et l'innocence et le bonheur.

CÉSAR.

Un jour, aux bords de la Moselle,
Je vins, je vis, je fus vaincu ;
Divodurum à Dieu fidèle,
A mon empire a survécu.
Dieu le bénit ; je vois sans crainte
Baldomir encore en ces lieux,
Pontife d'une loi plus sainte,
Garder un sceptre glorieux.

THÉLISMAR.

De Rome épousant la querelle,
Je servis César et ses dieux :
Je pensais qu'une ère nouvelle
Devait se lever à nos yeux.
Ah ! de ce rêve téméraire
Thélismar expia l'erreur :
Moi, sous ton joug, bien-aimé Père,
J'ai connu l'ère du bonheur.

ISMÉNOR ET ULRIC.

Naguère on vit notre vaillance,
Pour servir des droits immortels,
Porter ou la harpe ou la lance,
Sauver nos lois et nos autels.
Tes fils, sous ton aimable empire,
A l'honneur engagent leur foi ;
Qu'ils portent l'épée ou la lyre,
Tes fils seront dignes de toi.

Metz, Imp. et Lith. Nouvian.

www.ingramcontent.com/pod-product-compliance
Lightning Source LLC
Chambersburg PA
CBHW071422060426
42450CB00009BA/1968